BEI GRIN MACHT SICH IHR WISSEN BEZAHLT

- Wir veröffentlichen Ihre Hausarbeit, Bachelor- und Masterarbeit

- Ihr eigenes eBook und Buch - weltweit in allen wichtigen Shops

- Verdienen Sie an jedem Verkauf

Jetzt bei www.GRIN.com hochladen und kostenlos publizieren

Bibliografische Information der Deutschen Nationalbibliothek:

Die Deutsche Bibliothek verzeichnet diese Publikation in der Deutschen Nationalbibliografie; detaillierte bibliografische Daten sind im Internet über http://dnb.d-nb.de/ abrufbar.

Dieses Werk sowie alle darin enthaltenen einzelnen Beiträge und Abbildungen sind urheberrechtlich geschützt. Jede Verwertung, die nicht ausdrücklich vom Urheberrechtsschutz zugelassen ist, bedarf der vorherigen Zustimmung des Verlages. Das gilt insbesondere für Vervielfältigungen, Bearbeitungen, Übersetzungen, Mikroverfilmungen, Auswertungen durch Datenbanken und für die Einspeicherung und Verarbeitung in elektronische Systeme. Alle Rechte, auch die des auszugsweisen Nachdrucks, der fotomechanischen Wiedergabe (einschließlich Mikrokopie) sowie der Auswertung durch Datenbanken oder ähnliche Einrichtungen, vorbehalten.

Impressum:

Copyright © 2016 GRIN Verlag, Open Publishing GmbH
Druck und Bindung: Books on Demand GmbH, Norderstedt Germany
ISBN: 9783668592018

Dieses Buch bei GRIN:

http://www.grin.com/de/e-book/383760/wolfgang-borcherts-das-brot-als-kritik-an-der-nachkriegsgesellschaft

Linda Waldrich

Wolfgang Borcherts "Das Brot" als Kritik an der Nachkriegsgesellschaft

Ein Interpretationsversuch

GRIN Verlag

GRIN - Your knowledge has value

Der GRIN Verlag publiziert seit 1998 wissenschaftliche Arbeiten von Studenten, Hochschullehrern und anderen Akademikern als eBook und gedrucktes Buch. Die Verlagswebsite www.grin.com ist die ideale Plattform zur Veröffentlichung von Hausarbeiten, Abschlussarbeiten, wissenschaftlichen Aufsätzen, Dissertationen und Fachbüchern.

Besuchen Sie uns im Internet:

http://www.grin.com/

http://www.facebook.com/grincom

http://www.twitter.com/grin_com

Justus-Liebig-Universität Gießen
Institut für Germanistik
Seminar: „Kurzgeschichten" SS 16

Die Kritik an der Nachkriegsgesellschaft in Wolfgang Borcherts : Das Brot -Ein Interpretationsversuch.

Vorgelegt von: Linda Waldrich
L3 Germanistik/ Geographie
8. Semester
Abgabedatum: 30.09.2016

Inhaltsverzeichnis :

1. Einleitung..2
2. Die Hungersnot in der Nachkriegszeit..2
3. Das kollektive Schweigen der Nachkriegszeit...4
4. Wolfgang Borchert- Das Brot- Ein Interpretationsversuch................................5
5. Fazit:..12
Literaturverzeichnis :...14

1. Einleitung

Das Brot von Wolfang Borchert ist eine Lektüre die ein, wie er selbst sagt, Musterbeispiel für eine Kurzgeschichte ist. (vgl. BELLMANN) Auch aus diesem Grund, ist sie ein Werk, welches häufig als Grundlage für Interpretationen dient. Auch im schulischen Kontext wird es oft gelesen und interpretiert. Die Ansätze sind häufig ähnlich und beschreiben die Liebe und Humanität, welche die Geschichte zum Thema macht. Wilhelm Große interpretiert Wolfgang Borcherts Werk ebenfalls als eine *„Beschreibung des Aktes der Liebe und Humanität in einer zerstörten Gesellschaft".* (GROßE 2009, S. 49) Diese Arbeit soll nun durch einen etwas anderen Blick auf die Kurzgeschichte zeigen, dass die Interpretation der Kurzgeschichte aber auch anders zu deuten sein könnte und weitaus weniger positiv zu sehen ist. Sie soll vielmehr einen kritischen Blick auf das Verhalten der Gesellschaft der Nachkriegszeit werfen und dies aus dem Text herausstellen. Es soll spezieller betrachtet werden, wie die Gesellschaft in der Kurzgeschichte, dargestellt an dem Ehepaar, durch Borchert dargestellt wird und inwiefern man aus der Analyse der Geschichte und der Betrachtung der historischen Hintergründe, Rückschlüsse auf eine Kritik an der Nachkriegsgesellschaft ziehen kann.

2. Die Hungersnot in der Nachkriegszeit

Bei dem Interpretationsversuch zu Borcherts „Das Brot", charakterisieren sich zwei bedeutende historische Aspekte der Nachkriegszeit heraus, welche es kurz zu erläutern verlangt, um in der Analyse genauer darauf eingehen zu können. Die wohl als offensichtlicher erscheinende Thematik der Kurzgeschichte stellt die Nahrungsmittelknappheit dar, die Borchert zum Thema seiner Kurzgeschichte macht. Diese zeigt sich dadurch, dass der ganze Konflikt beziehungsweise die Handlung darauf basiert, dass der Mann ein Stück Brot isst, was die Frau bemerkt und dies steht dann als Problem zwischen den Beiden. Zur Problematik kann eine solche Tat aber im Grunde nur werden, wenn genau dieser Scheibe Brot ein hoher Wert zugesprochen wird. Zur heutigen Zeit ist es kaum noch vorstellbar, dass eine Scheibe Brot einen solch hohen Wert hat, oder sogar ein Konfliktpotenzial bieten könnte. Zur Zeitpunkt der Nachkriegszeit hingegen war die Situation jedoch eine andere. Eben dafür ist es grundlegend wichtig die historische Situation bezüglich der Nahrungsmittelknappheit in der Nachkriegszeit kurz darzustellen.

Der Historiker Thomas Schlemmer beantwortet die Frage nach der Versorgungslage in Deutschland in der Nachkriegszeit. Er gibt an, dass die Versorgungslage bis Ende 1944, gemessen an der militärischen Lage, noch vergleichsweise positiv zu sehen war. Dass sich aber durch den militärisch-politischen Zusammenbruch das Blatt rigoros wendete. Laut Schlemmer war die Versorgunglage umso schlechter, je urbanisierter eine Region war. Zentral ist seine Aussage, dass vor allem in den Städten Hunger zur Zentralerfahrung der Nachkriegszeit wurde. Die Gründe für die Nahrungsmittelknappheit sieht Schlemmer in der, nach dem Krieg, völlig zerstörten Infrastruktur. Brücken wurden gesprengt und Transportwege waren zerstört. Es fuhren keine Züge mehr die Nahrungsmittel hätten transportieren können. Das Problem in den ersten Monaten nach dem Krieg war laut Schlemmer vorrangig das Transportproblem, welches sich aber im Laufe der Zeit schnell zu einem Problem der Nahrungsmittelknappheit entwickelte. (vgl. WELT-ONLINE)

Die Winterkrise um 1946 und 1947 zeigt deutlich, wie enorm der Nahrungsmittelmangel der deutschen Bevölkerung ist. Der durchschnittliche Kalorienverbrauch in Deutschland im Jahre 1936 lag noch bei 3113 Kalorien und somit über der vom Völkerbund empfohlenen Menge von 3000 Kalorien pro Tag. Bis zum Frühjahr 1945 war er schon auf 2010 Kalorien pro Kopf und pro Tag gesunken. Seinen Tiefstand erreichte er dann um 1946, wo der tägliche Kalorienverbrauch dann bei nur noch 1451 Kalorien lag. Und sogar dieser schon sehr niedrige Durchschnittswert wurde lokal und regional teilweise noch unterschritten. Bei Betrachtung des empfohlenen täglichen Kalorienbedarfs von 3000 Kalorien, wird klar deutlich inwiefern der Hunger ein verbreitetes und ernst zu nehmendes Problem darstellte. Ebenfalls sank die Möglichkeit der Selbstversorgung nach dem Krieg, von vorher noch bis zu 80 %, ab auf nur noch knapp 35 %.(vgl. BPB) Die Nahrungsmittelknappheit führte immer mehr dazu, dass illegale Geschäfte zunahmen. So waren, laut Angaben der Bundeszentrale für politische Bildung, beispielsweise vier Brote je 1500 Gramm auf dem Schwarzen Markt für 160 Reichsmark zu bekommen.(vgl. BPB)

3. Das kollektive Schweigen der Nachkriegszeit

Ein weiteres für die Nachkriegsgesellschaft kennzeichnendes Phänomen, ist das, von Heimannsberg und Schmidt sogar als Buchtitel verwendete, kollektive Schweigen der in der Nachkriegszeit. Das kollektive Schweigen meint, wie es schon die Bedeutung des Wortes kollektiv deutlich macht, ein Phänomen, welches sich kollektiv durch die Gesellschaft zieht. Es wird durch die Gesellschaft hinweg über die Vergangenheit geschwiegen, die Zeit des Krieges und die Zeit des Nationalsozialismus wird in der Gesellschaft der direkten Nachkriegszeit von niemandem thematisiert. Dies wird besonders aus Berichten der Folgegeneration über ihre Eltern deutlich. So finden sich einige Berichte von Kindern, deren Eltern zur direkten Nachkriegsgesellschaft gehören, die berichten, dass auch ihre Eltern über dieses Thema beharrlich schweigen. So beschreibt Irene Wielpütz in ihrem Beitrag in Heimannsberg und Schmidts Werk, wie sie selbst die Erfahrung macht, dass das Thema der Kriegsvergangenheit und der Umgang mit dieser ein großes Tabuthema ist. Sie selbst beschreibt, dass sie von ihrer Mutter Nichts über diese Zeit erfahren hat und auch im Umkreis ihrer Familie und Freunde erlangt man nur wenig vereinzelte Informationen darüber, wie die Menschen damit Umgegangen sind. Sie schreibt: *„Wir leben seit 1957 wieder in Deutschland, und Nachdenken oder Verarbeiten tut man nicht. Man blickt nach vorn."* (WIELPÜTZ in Heimannsberg und Schmidt 1988, S. 70) Dies beschreibt repräsentativ recht gut die Gesellschaft um die Zeit nach 1945. Man spricht nicht über die Vergangenheit, sondern blickt in die Zukunft. Auch Richard Picker beschäftigt sich auf psychologischer Ebene mit dem Thema und beschreibt, in eben genanntem Werk, dass es keine gemeinsame, unmittelbare und geschichtliche Auseinandersetzung mit der Vergangenheit gab. Auch er berichtet aus seinen eigenen Erfahrungen und denen seiner Klienten, dass auch ihre Väter nur ungern aus der Kriegszeit erzählten und dass auch ihre Fragen oder Berichte über diese Zeit nur selten Gehör fanden. Er beschreibt den Umgang mit der Vergangenheit wie folgt: *„ Um ihr* (der Nazivergangenheit) *nicht begegnen zu müssen, haben wir uns in kluge, gemeinsam sie vermeidende Methodiker verwandelt."* (PICKER in Heimannsberg und Schmidt 1988, S. 135) Die Gründe für das kollektive Schweigen können verschiedenste Ursprünge haben und auch auf historischer und politischer Ebene existieren dies bezüglich unterschiedliche Theorien, welche es aber an dieser

Stelle nicht zu erläutern erfordert. Festzuhalten ist, dass das kollektive Schweigen ein weit verbreiteter und vorherrschender Aspekt bezüglich der Nachkriegsgesellschaft ist.

4. Wolfgang Borchert- Das Brot- Ein Interpretationsversuch

Das Brot von Wolfgang Borchert wurde von ihm 1946 verfasst und erschien erstmals am 13. November 1946 in der Hamburger freien Presse.(vgl. REINBECK 2007, S 538) Die Geschichte ist ein typisches Beispiel der Trümmerliteratur und greift relevante und charakteristische Motive der Nachkriegszeit auf.

Allerdings spielt die Geschichte selbst nicht offensichtlich in der Nachkriegszeit, zumindest wird keine Zeitangabe in der Kurzgeschichte vorgenommen. Die Zeit der Entstehung weist darauf hin, dennoch wird der genaue Zeitpunkt der Handlung nie erwähnt. Dennoch passen die Motive der Geschichte deutlich in den historischen Kontext. Definitiv wird klar, dass man die Geschichte zu einem Zeitpunkt ansetzen muss, in der Hunger herrscht und Lebensmittel rationiert werden, denn das Abzählen von Brotscheiben und nur eine begrenzte Anzahl welche morgens und abends gegessen werden dürfen, macht sonst wenig Sinn. Und auch die Tat des Mannes bekäme sonst keinerlei Gewichtung. Somit ist es naheliegend, dass der Krieg und die Nachwirkungen indirekt mit in die Kurzgeschichte einfließen. Der Hunger spielt in der Geschichte demnach insofern eine Rolle, dass er der Grund der eigentlichen Handlung ist. Es gibt jeden Tag eine bestimmte und abgezählte Anzahl an Brotscheiben, die sowohl für den Mann als auch für die Frau vorgesehen sind. Die Nahrungsmittel sind knapp und somit ist auch die Anzahl an Brotscheiben pro Person begrenzt. Diese Anzahl scheint doch nicht auszureichen, denn sonst wäre der Mann nicht mitten in der Nacht aufgestanden um heimlich eine Scheibe Brot zu essen. Ebenso wäre es allgemein sinnlos dies am Ende verheimlichen zu wollen, wenn es eigentlich kein wirklich großes Problem wäre eine Scheibe Brot mehr zu essen. Dass aber speziell das Essen der Scheibe Brot in der Handlung vom Mann verheimlicht wird zeigt deutlich, dass das Motiv des Hungers und der Nahrungsmittelknappheit eine große Rolle spielen. Des Weiteren, wird an der Reaktion der Frau deutlich, dass es für sie auch wirklich schlimm ist, dass ihr Mann in der Nacht heimlich die Scheibe Brot isst. Besonders in der Situation, wo sie ihren Mann in der Küche entdeckt, beschreibt Borchert metaphorisch wie sie sich fühlt. Sie entdeckt den Brotteller und die Krümel auf diesem. Kurz zuvor wird beschrieben, dass sie den Teller und die Krümel jeden Abend bevor sie zu Bett gehen saubermachen. Die Krümel können also nur von dem Mann sein, der vor ihr in die Küche gegangen ist. In dem Moment wo sie den Teller entdeckt, heißt es im Text: *„ Sie fühlte, wie die Kälte der Fließen langsam an ihr hoch kroch. Und sie sah von dem Teller weg."* (Z. 19 f.) Auf den kalten Fließen läuft sie schon seit sie aus dem Schlafzimmer in die Küche gelaufen ist, dennoch wird vorher nie erwähnt, dass die Fließen sich für sie kalt anfühlen oder Ähnliches. Erst in dem Moment, wo sie den Brotteller und ihren Mann entdeckt und realisiert was passiert ist, kommt die Beschreibung, dass die Kälte in ihr hochkommt. Auch die genaue Wortwahl ist hier zu beachten. Sie bemerkt nicht einfach dass die Fließen kalt sind, sondern die Kälte kroch langsam an ihr hoch. Diese Beschreibung macht für den Leser den langsamen Prozess deutlich, in dem der Frau klar wird was passiert ist und wie sich langsam ein negatives Gefühl in ihr ausbreitet, was durch das Adjektiv *kalt* impliziert wird. Direkt im Anschluss, sieht sie dann von dem Teller weg. Auffällig ist, sie sieht von dem Teller weg, dass was bei ihr für Unbehagen und ein kaltes Gefühl sorgt, wird durch sie selbst aus dem Blickfeld entfernt. Da sie auch nichts dazu sagt, wird es auch an der Stelle der Realisierung des „Vergehen" des Mannes nicht zum Thema. Inhaltlich weist dies schon in Richtung des Motivs des kollektiven Schweigens hin. An dieser Stelle, wo sie nach Bemerken des „Vergehens" direkt wegschaut und es nicht anspricht, lassen sich deutliche Parallelen zur in Kapitel 3 erwähnten Problematik des kollektiven Schweigens ziehen. Im Übertragenen gesehen wusste jeder in der Gesellschaft über die Taten oder auch Vergehen der Vergangenheit Bescheid, doch schaute lieber direkt weg ohne es anzusprechen oder aufzuarbeiten. Genau dies geschieht in dem Moment auch in der Küche in der Kurzgeschichte. So lässt sich schon am Ende der ersten beiden Abschnitte ein konkreter Verweis auf die Thematik des kollektiven Schweigens finden. Genau nach den ersten Abschnitten der Kurzgeschichte, steht fest, der Mann hat sich heimlich Brot abgeschnitten und dieses gegessen und die Frau weiß dies. Unter Betrachtung dieses Aspektes, dass die Frau es weiß, was in den ersten Abschnitten schon klar wird, ist der weitere Verlauf der Handlung von besonderem Interesse bezüglich der Thematik des Schweigens und der Nichtkommunikation. Von besonderem Interesse ist die Konversation zwischen dem Mann und der Frau, vor dem Hintergrund, dass beide über das jeweilige Wissen des Anderen Bescheid wissen.

Die Konversation der beiden beginnt nachdem die Frau bemerkt, dass der Mann sich heimlich eine Scheibe Brot abgeschnitten hat. Der Mann sagt dann, dass er dachte es wäre etwas in der Küche gewesen und schaut in dieser herum (Z. 21) Diesen Satz,, *Ich dachte hier wäre was"*, (Z.21) erwähnt der Mann dann in ihrem Gespräch noch drei weitere Male.(Z. 21, 36,48) Auffällig ist, dass er von seiner Frau in der Konversation nie danach gefragt wird, warum er in der Küche sitzt. Der Fokus bei der Betrachtung der Konversation liegt aber auf der Frau. Diese wird im ganzen Verlauf der Geschichte auch häufiger erwähnt als der Mann. Das Pronomen ‚Sie' kommt im Vergleich zum Pronomen ‚Er' deutlich häufiger vor. Dies lässt vermuten, dass der Fokus des Lesers sich bewusst auf die Frau und deren Handlung konzentrieren soll. Es geht mehr um die Darstellung und die Reaktion der Frau, als um die des Mannes. Hauptsächlich, lassen sich auch aus ihren Reaktionen Rückschlüsse auf die gesamte Situation zwischen den Beiden ziehen. Sie reagiert auf seine Aussage, er habe gedacht in der Küche wäre etwas gewesen damit, dass sie sagt: *„Ich habe auch was gehört".*(Z. 23) An dieser Stelle ist aber, aus vorherigem Abschnitt, schon deutlich, dass sie genau weiß warum der Mann in der Küche ist. Und der Grund dafür ist nicht, weil er etwas gehört hat. Sie weiß dies, und doch spricht sie es nicht an, sondern geht auf seine Aussage ein und es kommt nicht dazu, dass einer der beiden die wirkliche Thematik beziehungsweise Problematik anspricht. Das völlige Verdrängen eben dieser, zeigt sich auch dadurch, dass im Anschluss daran direkt der Gedankengang der jeweiligen Personen beschrieben wird. Die Frau denkt darüber nach, dass er nachts im Hemd schon recht alt aussehe und auch der Mann denkt darüber nach, wie alt seine Frau aussieht. Die Gedankengänge des Mannes wirken völlig belanglos in ihrer Darstellung.

„Sie sieht doch schon alt aus, dachte er, im Hemd sieht sie doch ziemlich alt aus . Aber das liegt vielleicht an den Haaren. Bei den Frauen liegt das Nachts immer an den Haaren. Die machen dann auf einmal so alt". (Z.36ff)

Die Repetitio in dem Zitat, welche sich in der Beschreibung ‚alt' und der Vermutung es läge an den Haaren ausdrückt, unterstreicht den Eindruck des Belanglosen. Denn es geht in der Situation, in der sie sich befinden um den Verrat den der Mann begangen hat. Er begeht den Verrat als solchen in dem Moment, wo er behauptet er sei in der Küche, weil er glaubte etwas gehört zu haben. Und die Frau ist sich des Verrates des Mannes bewusst und trotzdem werden dann die Gedanken der beiden über das Alter des jeweils anderen beschrieben, welche eigentlich in diesem Moment weder Thema noch von belangen sind. Durch die erwähnten Wiederholungen in vorherigem Zitat, wirkt das Abschweifen der Gedanken und das Umgehen des eigentlichen Konfliktes viel stärker. In dem Moment ist beiden deutlich klar, dass der Mann lügt und dass dies in einer Beziehung ein schwer wiegendes Problem ist. Trotzdem schweigen sie beide und denken über vermeintlich Unwichtiges nach. Der Widerspruch in sich, dass die Gedanken welche beide haben dem widersprechen was man als Leser erwartet, nämlich dass die Frau den Mann auf den Verrat anspricht, geben der Situation nochmal eine besondere Bedeutung. Denn es wird wieder deutlich, dass das Thema des Verrats und des Lügens in ihrer Beziehung von beiden bewusst verdrängt wird. Im weiteren Verlauf der Handlung wird dies immer weiter deutlich. Es ist deutlich, dass der Mann sie hintergangen und belogen hat. Dennoch kommt es zu keinem Zeitpunkt dazu, dass die Frau dies offensichtlich aufdeckt. Vielmehr geht sie auf seine Aussagen ein. Allerdings wird auch deutlich, dass ihr das sehr schwer fällt. Man könnte in der Situation vermuten, dass sie es nicht anspricht, weil sie dem keine hohe Priorität zuspricht. Das ist aber anhand des Textes deutlich zu widerlegen. In Zeile 33 f. heißt es: *"Sie sah ihn nicht an, weil sie nicht ertragen konnte, dass er log. Dass er log,(...)"* Die Lüge wiegt also so schlimm, dass die Frau ihn nicht einmal anschauen kann. Auch die Repetitio am Satzende und dann am Anfang des Folgesatzes, dass er log' betont, dass genau diese Lüge für die Frau nicht zu ertragen ist. Und dennoch kommt es auch dann nicht zu einer Ansprache der Lüge. Es wirkt auf den Leser so, als würde die Frau sich aus Liebe zu ihm zurückhalten und ihn nicht darauf ansprechen. Denn der Mann ist in der Situation in der er sich befindet unsicher. Das wird klar formuliert in Zeile 43. Auch durch die ständigen Wiederholungen des Satzes *" Ich dachte, hier wäre was"* (Z.21), beziehungsweise den abgewandelten Formen, erscheint der Mann wirr. Er wiederholt alle seine Ausflüchte die er aufzubringen versucht, um seinen Aufenthalt in der Küche zu erklären. Den Eindruck, dass die Frau aus Liebe zu ihm schweigt, um ihn nicht bloß zu stellen zeigt sich ab Zeile 44. Auch an dieser Stelle spricht die Frau nicht die für sie unerträgliche Lüge an, sondern sie sagt ihm er solle zu Bett kommen und bietet ihm so indirekt die Möglichkeit aus der Situation herauszukommen. Rein räumlich gesehen hat das Vergehen in der Küche stattgefunden und sie befinden sich somit immer noch am „Tatort". Mit der Aufforderung mit ihr in Bett zu kommen, bietet sie ihm hilfsbereit die Möglichkeit an, ohne weitere Ausflüchte und Ausreden der Situation zu entkommen. Dass wird noch einmal untermalt, durch die Einleitung ihres Redeanteils mit dem Satz: *„Sie kam ihm zur Hilfe(...)"* (Z.44) Ihre Intension scheint also offensichtlich wirklich liebevoller Natur zu sein, um ihm zu helfen. Die Reaktion des Mannes ist aber wieder nur die Nennung einer seiner Ausreden. Dann hebt die Frau die Hand zum Lichtschalter um dieses auszumachen, auch um nicht mehr auf den Teller sehen zu müssen.(Z. 49) Es wird also erstens deutlich, dass die Frau selbst gern aus der Situation herausmöchte, aber an dieser Stelle wird auch eine weitere Motivik deutlich, welche in der Kurzgeschichte eine Rolle spielt. Das Motiv des Lichts. Betrachtet man die Kurzgeschichte auf das Motiv des Lichts hin fällt auf, dass es sowohl wörtlich als auch in Zusammenhängen mit diesem oft Erwähnung findet. Es dient als eine Art Fokus. Die eigentliche Handlung, das Essen des Brotes, findet immer im Licht statt.(Z. 10 f.) Besonders deutlich wird der Fokus auf die Handlung durch das Licht auch dadurch, dass die Beschreibungen vorher immer einen Kontrast dazu bilden. Es lässt sich gut erkennen als die Frau aufsteht und sich auf den Weg zur Küche macht. Sie tappt durch die *„dunkle Wohnung" (Z.8)* Dies ist ansonsten an dieser Stelle von keinerlei Bedeutung. Trotzdem wird explizit beschrieben, dass sie durch die dunkle Wohnung läuft. Durch diese Erwähnung wirkt es dann noch effektiver, dass sie dann als sie in die Küche kommt das Licht anmacht. Und dann sieht sie was der Mann getan hat. Das Licht ist es erst, was zum Vorschein bringt was passiert ist.(Z.10) Mit dem Anschalten des Lichts realisiert die Frau den Verrat. Dieser bekommt so noch einmal deutlich mehr Bedeutung, welche durch den Kontrast beschrieben wird. Ebenso ist dies der Zeitpunkt, wo die beiden dann als Paar zusammen sind. Es wird also auch ihre Ehe oder ihre Partnerschaft indirekt in dem Beobachtungsfokus gerückt. (Z.10 f.) Dies geschieht allein dadurch, dass es eine Handlung gibt die im Dunklen stattfindet und eine die im Licht stattfindet. Als die Frau das Licht ausmachen will, will sie der Situation entgehen, sie will nicht mehr auf den Teller schauen.(Z.50) So scheint es, als glaube sie mit dem wieder ausschalten des Lichts könne sie auch das Problem zwischen ihnen einfach ausblenden. Das Verlangen des Verdrängens kommt an dieser Stelle deutlich hervor.

Das Verhalten der Frau kann man einerseits so interpretieren, dass sie dies alles aus Liebe zu ihrem Mann tut, um ihn nicht zu entlarven. Dass sie lieber ihre Trauer und Wut über den Ärger zurückhält und ihm entgegenkommt, um ihm zu helfen. Dann würde man daraus schließen können, dass die Frau einen sehr starken Charakter hat und ihrem Mann gegenüber liebevoll und fürsorglich ist. Andererseits kann man aber über das Verhalten der beiden auch darauf schließen, dass die Beziehung und die Kommunikation der beiden zerstört ist. Es lässt sich ebenfalls eine deutliche Kritik an der Kommunikation und sogar der Beziehung der beiden herauslesen. Denn es stellt sich schon die Frage, warum kann man in der Situation nicht auch einen anderen Weg wählen, welcher es trotzdem nicht ausschließt, dass die beiden sich lieben. Sondern einen der sogar ebenfalls aussagen würde, dass sie eine gesunde Beziehung miteinander führen und eine gute Kommunikation miteinander haben. So kann das ständige Umgehen und das nicht Ansprechen des Verrats ja vielmehr auch als gestörte Kommunikation zu deuten sein. Warum besteht denn scheinbar für die Frau nicht die Möglichkeit einfach anzusprechen, dass sie über seinen wahren Aufenthaltsgrund in der Küche Bescheid weiß. Sie hätte ihm klarmachen können, dass es für sie in Ordnung ist und sie hätten sich über Lösungen austauschen können. So wäre auch das Vergehen sich nachts ein Brot abzuschneiden, das einzige Vergehen gewesen und es wäre nicht zu der, für die Frau unerträglichen, Lüge gekommen. Stattdessen aber nimmt sie all dies in Kauf und kommt ihm immer noch entgegen. Man bekommt sehr stark den Eindruck, dass es die Hauptintension der beiden ist, keinesfalls über die eigentliche Problematik zu sprechen, die sie aber beide Wissen. Deutlicher könnten die Parallelen zum kollektiven Schweigen der Nachkriegszeit nicht sein. Die Verdrängung um jeden Preis, auch wenn der Preis ist, dass die Beziehungen und die Kommunikation einfach zerstört werden oder nicht mehr stattfindet. Dies ist genau das, was die Nachkriegsgesellschaft ausmacht. Borchert beschreibt bewusst wie belastend und schlimm die Lüge des Mannes für sie ist, dennoch erwähnt die Frau dies mit keinem Wort. Sie schaltet das Licht aus, um nicht zu sehen was offensichtlich ist, sie wechselt den Ort des Geschehens um der Situation zu entkommen und sie wechselt auch im Gespräch zu belanglosen Themen. Außerdem ist dann auch noch die Situation, wo beide letztendlich im Bett liegen. Dann wird sie noch einmal mit der Lüge des Mannes konfrontiert und bekommt diese bestätigt. Sie hört ihn kauen. Die Umschreibung er kaue leise und vorsichtig, zeigt dass der Mann dies vor der Frau verheimlichen will.(Z.70ff.) Doch anstatt in dieser Situation endlich anzusprechen, dass sie weiß was der Mann getan hat, stellt sich die Frau schlafend. (Z.71)Es wirkt wieder so als wolle sie keinesfalls eine Konfrontation eingehen. Das Thema soll einfach nicht zur Sprache kommen. Doch die Frage nach dem ‚Warum' bleibt weiterhin bestehen. Der Hunger und der Nahrungsmangel sind der Grund für den Konflikt der beiden. Es ist ein elementares und verständliches Bedürfnis, dass der Mann bei zu wenig Nahrung unter dem Hunger leidet. Auch ist es natürlich dem Trieb des Hungers nachzugehen, indem er diese Scheibe Brot isst. Es ist der Frau gegenüber einerseits unfair, dennoch ist es das Nachgehen eines natürlichen Triebes, dem er nicht nachgehen muss aus Gründen des Eigenverschulden, sondern lediglich, weil der Hunger vorherrschend sein muss. Denn sonst könnte das Essen einer Scheibe Brot keine solche Gewichtung in der Handlung der Geschichte bekommen. Wieso ist es also nicht möglich in der Beziehung der beiden einfach drüber zu sprechen? Denn es ist gar kein Bedarf vorhanden den Mann zu schützen, sein Vergehen die Scheibe Brot zu Essen ist ein natürlicher Trieb. Erst das Lügen über dies wird zum wirklichen Konfliktpunkt zwischen den beiden, aber auch wieder ohne dass ihn jemand anspricht. Das ist ein Verhalten, was beide Akteure als feige erscheinen lässt und nicht als besonders liebevoll dem anderen gegenüber. Wenn man die Handlung der Frau so betrachtet, wirkt nicht nur der Mann unsicher und feige, dann bekommt auch die Handlung der Frau einen anderen Wert. Und schreibt man auch ihr die Werte Feigheit, Unsicherheit und auch Gleichgültigkeit zu, welche sich ebenso aus dem Handeln der Frau ableiten lassen und welche ihr Mann in der Kurzgeschichte offensichtlicher verkörpert, ist die ganze Handlung vielmehr als Kritik an dem Umgang miteinander zu verstehen. Übertragen auf die gesamte Gesellschaft der Nachkriegszeit kann man das Paar in der Kurzgeschichte als Repräsentanten der allgemeinen Gesellschaft der Nachkriegszeit sehen. Die Kritik an dem Umgang der beiden miteinander und an deren Kommunikation ergibt sich somit aus der sprachlichen und inhaltlichen Gestaltung des Dialogs selbst. Die Sätze sind kurz und häufig werden nur Hauptsätze aneinandergereiht. Inhaltlich gibt der Dialog wenig Informationen her und diese wenigen werden noch wiederholt. Die Wortkargheit trotz des doch vorhanden Konflikts, welcher eigentlich im Vordergrund steht, zeigt deutlich das gestörte Verhältnis und dem Umgang, speziell im Bezug auf deren Kommunikation, miteinander.

Auch in dem Teil der Geschichte, welcher den darauffolgenden Tag beschreibt, ist es so zu sehen wie schon in den Abschnitten davor. Die Frau überlässt dem Mann ihre Scheibe Brot. Diese Handlung könnte einerseits wieder als liebevolle Handlung gesehen werden, dennoch wird an dieser Stelle auch klar, dass es ihr nicht besonders leichtfällt. Wenn man vorher schon betrachtet hat inwiefern das Motiv des Lichts eingesetzt wird, so zeigt sich auch im letzten Teil der Einsatz des Motivs. Es geht nun darum, dass die Frau ihm eine Scheibe Brot mehr überlässt. Und genau dies Handlung spielt sich auch wieder im Licht ab. Genauer unter der Lampe.(Z.79) Es wird an dieser Stelle wieder der Fokus auf das Brot gelegt und somit auf die eigentliche unausgesprochene Thematik die zwischen beiden steht. Als die Frau ihm sagt, er könne ruhig vier Scheiben essen, geht sie direkt im Anschluss daran von der Lampe weg.(Z.79f.) Das ist ein ähnliches Szenario wie schon zuvor am Abend in der Küche als sie das Licht ausschalten will, um nicht mehr auf den Teller sehen zu müssen. Es wirkt wiederholt so, als könne sie durch bloßes Wegtreten von dem Licht, beziehungsweise der Lampe, auch für sich das Problem ausblenden. Denn in der gesamten Erzählung ist immer, wenn es um das eigentliche Vergehen des heimlichen Brotessens geht, das Licht darauf gerichtet und immer wenn es nicht mehr um dieses Vergehen gehen soll wird das Licht ausgemacht oder die Frau tritt von diesem Weg. Somit bleibt dann das Problem im Dunkeln. In dem Moment wo die Frau sagt, sie könne das Brot nicht vertragen, lügt auch sie ihren Mann an. (Z.87)Es gehen also beide lieber den Weg der Lüge, als den der Konfrontation. Wobei ihre Intension der Lüge aus einem anderen Blickwinkel zu betrachten ist als die des Mannes. Sie lügt augenscheinlich um ihm zu helfen oder ihn nicht bloß zu stellen. Dennoch ist es für sie auch eine Möglichkeit, das Problem einfach ohne es anzusprechen aus dem Weg zu räumen. Es wird nicht klar, ob es die Intension der Frau ist ihrem Mann aus Güte zu helfen, oder ob ihre Intension das Schweigen und Verdrängen mit allen Mitteln ist. Für das sie sogar in Kauf nimmt weniger zu essen. Denn sie hält sich so auf gewisse Weise die Möglichkeit offen, nicht mehr in eine solche für sie unangenehme Situation hinkommen zu müssen, weil der Mann so wie sie eventuell denkt, dann satt ist und es somit nicht abermals zu einer solchen Begegnung in der Küche kommt. Dann ist das Motiv der Frau nicht das Motiv der Liebe und Güte. Sondern vielmehr will auch sie das Thema nur so ungern ansprechen und das Schweigen und Verdrängen wahren wie ihr Mann. So hat es insgesamt den Anschein, dass der intensive Versuch nach Verdrängung und dem dringenden Verlangen des nicht Ansprechens, der Grund dafür ist, dass die Kommunikation der beiden als so gestört erscheint.

5. Fazit:

Betrachtet man die, aus der Analyse hervorgehenden, Aspekte der Handlung im Bezug auf das in Kapitel 3 erläuterter Thema des kollektiven Schweigens, so lässt sich deutlich eine Kritik an der Nachkriegsgesellschaft herauslesen. Es ist nicht von der Hand zu weisen, dass es eine vorhandene Problematik gibt, welche zwischen dem Ehepaar existiert, dennoch wird sie zu keinem Zeitpunkt angesprochen. Lieber lassen sie zu, dass ihre Beziehung durch Lügen und Schweigen zerstört wird, als dass sie miteinander Probleme lösen. Ebenso geht aus vorheriger Analyse hervor wie es in der ganzen Handlung darum geht, Ausflüchte zu finden, um nicht auf den eigentlichen Konflikt zu sprechen zu kommen. Es wird zu keiner Zeit thematisiert. Die Parallelen zur Gesellschaft in der Nachkriegszeit sind deutlich zu erkennen. Unter Betrachtung dieses Aspektes, komme ich zu dem Schluss, dass die Kurzgeschichte kritisch auf die Situation und den Umgang mit der Vergangenheitsbewältigung hinweist. Denn es lassen sich am Text deutliche Belege hierfür finden, welche es ermöglichen zu diesem Schluss zu kommen. Dieser ermöglicht einen etwas anderen Blickwinkel auf die Intension der Kurzgeschichte. Der Fokus auf die Beziehung der beiden, spielt zwar auch in anderen Interpretationen eine Rolle und lässt sich durchaus auch als Akt der Liebe interpretieren, dennoch sollte aus hervorgegangener Analyse deutlichgeworden sein, dass auch die Annahme klar zu belegen ist, dass Borchert in seiner Kurzgeschichte kritisch auf die Problematik des kollektiven Schweigens in der Nachkriegszeit hinweist. Ebenso wie auf die gestörte Kommunikation der Gesellschaft zurzeit nach dem Krieg, welche er exemplarisch am Beispiel des Ehepaares aufzeigt.

Literaturverzeichnis :

Große, Wilhelm: Wolfgang Borchert. Kurzgeschichten. In: Oldenburg Interpretationen. Hrsg. Von Klaus-Michael Bogdal & Clemens Kammler. 1.Auflage. München: Oldenburg Schulbuchverlag GmbH 1995(Band 30).

Klassische deutsche Kurzgeschichten. Hrsg. Von Werner Bellmann. Stuttgart: Philipp Reclam jun. GmbH&Co. KG 2016 (Reclams Universal-Bibliothek Nr. 18251).

Picker, Richard: Psychotherapie und Nazuvergangenheit- ein Versuch an konkreten Gestalten. In: Das kollektive Schweigen. Nazivergangenheit und gebrochene Identität in der Psychotherapie. Hrsg. Von Barbara Heimannsberg& Cgristoph J. Schmidt. Heidelberg: Roland Asanger Verlag 1988.

Wielpütz, Irene: Die Schwierigkeit, das Unsagbare zu sagen. Über die Nichtentstehung eines Artikels zum Thema: Nazivergangenheit in der Psychotherapie. In: Das kollektive Schweigen. Nazivergangenheit und gebrochene Identität in der Psychotherapie. Hrsg. Von Barbara Heimannsberg& Cgristoph J. Schmidt. Heidelberg: Roland Asanger Verlag 1988.

Wolfgang Borchert: *Das Gesamtwerk*. Rowohlt, Reinbek 2007.

Internetquellen:

Bundeszentrale für politische Bildung: Infrastruktur und Gesellschaft im zerstörten Deutschland. http://www.bpb.de/geschichte/nationalsozialismus/dossier-nationalsozialismus/39602/infrastruktur-und-gesellschaft?p=all (27.09.2016)

Universität Heidelberg- Ruperto Carola: Vergangenheitsbewältigung in der unmittelbaren Nachkriegszeit: http://www.uni-heidelberg.de/uni/presse/RuCa3_97/wolgast.htm (27.09.2016)

Welt Online: Hunger als Zentralerfahrung-Interview mit Historiker Thomas Schlemmer. https://www.welt.de/geschichte/zweiter-weltkrieg/article143583561/In-Staedten-wurde-Hunger-zur-Zentralerfahrung.html (27.09.2016)

BEI GRIN MACHT SICH IHR WISSEN BEZAHLT

- Wir veröffentlichen Ihre Hausarbeit, Bachelor- und Masterarbeit

- Ihr eigenes eBook und Buch - weltweit in allen wichtigen Shops

- Verdienen Sie an jedem Verkauf

Jetzt bei www.GRIN.com hochladen und kostenlos publizieren